BEI GRIN MACHT SICH IHR WISSEN BEZAHLT

- Wir veröffentlichen Ihre Hausarbeit,
  Bachelor- und Masterarbeit

- Ihr eigenes eBook und Buch -
  weltweit in allen wichtigen Shops

- Verdienen Sie an jedem Verkauf

**Jetzt bei www.GRIN.com hochladen
und kostenlos publizieren**

Tobi Remsch

Rezension zu Manfred G. Schmidts "Das politische System Deutschlands. Institutionen, Willensbildung und Politikfelder."

GRIN Verlag

Bibliografische Information der Deutschen Nationalbibliothek:

Die Deutsche Bibliothek verzeichnet diese Publikation in der Deutschen National-
bibliografie; detaillierte bibliografische Daten sind im Internet über http://dnb.d-
nb.de/ abrufbar.

Impressum:

Copyright © 2010 GRIN Verlag, Open Publishing GmbH
Druck und Bindung: Books on Demand GmbH, Norderstedt Germany
ISBN: 978-3-640-97830-4

Dieses Buch bei GRIN:

http://www.grin.com/de/e-book/176086/rezension-zu-manfred-g-schmidts-das-
politische-system-deutschlands-institutionen

GRIN - Your knowledge has value

Der GRIN Verlag publiziert seit 1998 wissenschaftliche Arbeiten von Studenten, Hochschullehrern und anderen Akademikern als eBook und gedrucktes Buch. Die Verlagswebsite www.grin.com ist die ideale Plattform zur Veröffentlichung von Hausarbeiten, Abschlussarbeiten, wissenschaftlichen Aufsätzen, Dissertationen und Fachbüchern.

Besuchen Sie uns im Internet:

http://www.grin.com/

http://www.facebook.com/grincom

http://www.twitter.com/grin_com

Universität Potsdam
Wirtschafts- und Sozialwissenschaftliche Fakultät
Proseminar: Das politische System der BRD im europäischen Kontext
Wintersemester 2010/11

Berlin, 16. Dezember 2010

Schriftliche Hausarbeit / Rezension

Schmidt, Manfred G. 2007: *Das politische System Deutschlands. Institutionen,
Willensbildung und Politikfelder.* München: Verlag C.H. Beck.

Inhaltsverzeichnis

1. Einleitung

Manfred G. Schmidt, Professor der Heidelberger Ruprechts-Karls-Universität gilt heute als einer der renommiertesten Politologen Deutschlands. Wie schon frühere Publikationen fand auch sein im Jahr 2007 erschienenes Werk „Das politische System Deutschlands", das den Gegenstand dieser Rezension darstellt, rasch Eingang in die Reihe der Standardlektüre für angehende Politikwissenschaftler und nimmt innerhalb derselben gar eine hervorgehobene Stellung ein. Im Vergleich zu thematisch verwandten Einführungen wählt Schmidt nämlich einen breiteren Ansatz.

Er untersucht das politische System der Bundesrepublik Deutschland nicht nur anhand der formellen Institutionen („polity") und Prozesse („politics"), sondern erforscht auch die konkreten Politikinhalte („policy") in Innen- und Außenpolitik und erkundet Interdependenzen zwischen den drei Dimensionen. Darüber hinaus finden auch der historische Verlauf und Kontext sowie der internationale Vergleich stets Berücksichtigung. Als besonders ambitioniert kann Schmidts Publikation ferner deshalb gelten, weil sie sich an ein breiteres Publikum und beispielsweise auch an interessierte Laien richte (vgl. S.15ff.).

Ziel dieser Rezension ist es, Struktur und Inhalt des Werkes zusammenzufassen und kritisch zu analysieren. Besonderes Augenmerk liegt überdies auf der Frage, inwieweit Schmidt sich bei seinen Ausführungen auf der empirischen, der konzeptionellen, der erklärend-theoretischen oder aber der normativen Ebene bewegt. In einer abschließenden Bewertung wird geklärt, ob die in der Einleitung des Werkes dargelegten Ansprüche des Autors erfüllt wurden.

2. Inhaltsangabe und Analyse

„Das politische System Deutschlands" gliedert sich in 19 Kapitel, verteilt auf drei Hauptteile. Im ersten dieser drei, „Politische Institutionen, Akteure und Willensbildung", wendet sich Schmidt in erster Linie den für die BRD relevanten politischen Prozessen („politics") und Institutionen („polity") zu um anschließend im Teil „Politikfelder" die Inhalte politischer Entscheidungen der verschiedenen Regierungen, vor allem auf Bundesebene, („policy") zu analysieren. Im dritten und letzten Hauptteil, „Bilanz", bewertet der Politologe schließlich auf der Basis der vorangegangenen Untersuchungen systematisch die Erfolge und Misserfolge der deutschen Politik.

2.1 Das „Spielregelwerk" der Politik

Schmidt beginnt mit einer Darlegung des grundlegenden Regelwerkes, das die Politik in der BRD zu beachten hat, nämlich des Grundgesetzes sowie des Wahlsystems.

In einem historischen Abriss schildert er zunächst Deutschlands langen „Weg nach Westen" (S.20) und zur Demokratie, der von zahlreichen fundamentalen politischen Umbrüchen gesäumt war. Eine besondere Rolle im Prozess der Demokratisierung misst Schmidt dem Grundgesetz bei, gleichwohl seine Ausarbeitung denkbar schwierig gewesen sei. Der Parlamentarische Rat als verfassungsgebendes Organ musste nämlich einerseits die Interessen der poltischen Parteien und Landtage berücksichtigen und andererseits die Vorgaben der Siegermächte (vgl. S.23ff.).

Nachfolgend zählt der Autor die „grundlegenden Weichenstellungen" und Vorgaben „der Architekten des Grundgesetzes" (S.26) auf und bewertet ihre Umsetzung. Sie lauten: Rechtsstaat, Republik, Demokratie, Bundesstaat, Sozialstaat, und „offener Staat". Sowohl empirische als auch normative Argumentationsstränge darlegend, wie die Kritik an der angeblich zu starken Judikative, kommt Schmidt insgesamt zu dem Ergebnis, dass diese fundamentalen Vorgaben umgesetzt worden seien und fällt ein positives Urteil über das Grundgesetz. (vgl. S.35-42).

Auch das Kapitel „Wahlrecht und Wahlsystem" beginnt der Politologe mit einer historischen Beschreibung, in der die Entwicklung des Wahlalters und der Wahlberechtigung seit dem Kaiserreich dargestellt werden (vgl. S.43f.).

Schmidt geht anschließend dazu über, das Wahlsystem Deutschlands auf Bundesebene theoretisch zu beschreiben und zu erklären. Die Entstehung der für Deutschland charakteristischen personalisierten Verhältniswahl führt er auf den Zwiespalt zwischen einem reinen Verhältniswahlrecht und Mehrheitswahlrecht zurück. Die Gefahr der politischen Instabilität und Fragmentierung einerseits und die mangelnden Mitwirkungschancen kleinerer Parteien andererseits führten schließlich zur Kombination der beiden Wahlsysteme (vgl. S.45-51).

Anlass zur Kritik am deutschen Wahlrecht gebe vor allem der Umgang mit den Zweitstimmen, die für die Anzahl der Parlamentssitze entscheidend sind. Dass mit ihnen die Kandidaten auf starren, von den politischen Parteien diktierten Landeslisten gewählt werden, nähre die These vom Parteienstaat und untergrabe den Grundsatz der Unmittelbarkeit der Wahl. (vgl. S.51ff.).

2.2 Zentrale Akteure des politischen Systems der BRD

In den folgenden acht Kapiteln stellt Schmidt nach und nach die wichtigsten politischen Akteure in der BRD vor: Wähler, Parteien und Verbände sowie Legislative, Exekutive und Judikative.

Im Abschnitt über die Wählerschaft und deren Wahlverhalten beschreibt der Autor zunächst anhand der Daten zur Bundestagswahl 2005 Alter, sozialen Status, Konfessionsgebundenheit, Verbandsmitgliedschaft und Milieubindung der 61,9 Mio. Wahlberechtigten (vgl. S.56ff.).

Das Abstimmungsverhalten der Wähler habe sich in der Geschichte der BRD gewandelt, besonders stark sei es von der Wiedervereinigung beeinflusst worden. CDU/CSU und SPD behalten ihre traditionelle Rolle als stärkste Parteien zwar bei, der Aufstieg der Grünen und der Linken zeuge allerdings inzwischen von einem „mittleren, aber insgesamt zunehmenden Fragmentierungsgrad" (S.64) der deutschen Parteienlandschaft (vgl. S.63ff.).

Insgesamt kommt Schmidt nicht zuletzt deshalb zu dem teilweise normativen Schluss, dass das Wählerverhalten in Deutschland unübersichtlicher und weniger berechenbar geworden sei, obwohl die Milieubindung der Wähler und die Parteiidentifikation als der „Gradmesser der psychologischen Parteimitgliedschaft eines Wählers" (S.67), nach wie vor entscheidende Determinanten des Abstimmungsverhaltens darstellen (vgl. S.66ff.).

Die Interessenvermittlung zwischen Politik und Bürgern werde in Demokratien durch zwischen den beiden liegende Institutionen bewerkstelligt, unter denen die politischen Parteien hervorragen. Bei der Rekrutierung des politischen Führungspersonals für Parlamente und Regierungen nähmen sie eine Monopolstellung ein (vgl. S.83f.).

Schmidt nennt sodann die fünf wichtigsten Parteien CDU/CSU, SPD, Die Linke, Die Grünen sowie FDP und beschreibt und erklärt theoretisch ihre zentralen Ziele und Eigenschaften.

In seiner darauf folgenden Analyse des Parteiensystems der BRD stellt der Autor fest, dass die „politische Kultur in Ost und West recht unterschiedlich" (S.102) sei. Im Westen habe man es konzeptionell-typologisch mit einem Vierparteiensystem mit 2 besonders starken Parteien zu tun, der CDU/CSU und der SPD, wohingegen sich in den neuen Bundesländern die Linke mit ungefähr gleichen Stimmanteilen zu ihnen geselle. Er spricht daher von einem Dreiparteiensystem. Allgemein sei ferner festzustellen, dass Deutschland ein zentripetaler Parteienwettbewerb und ein moderater Pluralismus ohne Anti-System Parteien kennzeichne (vgl. S.97-104).

Besonders hervorzuheben sei ferner „die ausgeprägte Zweidimensionalität des Parteiensystems" (S.108): einerseits die wirtschaftliche Links-Rechts-Dimension und andererseits eine sozialkulturelle Dimension, die zwischen konservativen und progressiven Werten verliefe.

Das fünfte Kapitel beginnt Schmidt mit einer Beschreibung der wichtigen Rolle und tiefen Verankerung von (Interessen-)Verbänden und Vereinen bei der großen Mehrheit der deutschen Bevölkerung (vgl. S.110f.).

Die traditionell einflussreichsten Verbände, die „Großen Vier", nämlich die Wirtschaftsverbände, Gewerkschaften, Kirchen sowie die Verbände der Bauern, hätten im Zeitverlauf zunehmend an Macht eingebüßt, stellt der Autor danach fest. Er führt dies unter anderem auf Mitgliederschwund, Säkularisierung und den Machtgewinn neuer Verbände zurück. Auch erwähnt er in diesem Zusammenhang die „Vertiefung und Erweiterung der Europäischen Staatengemeinschaft" (S.121), die den Interessenvertretern inzwischen eine duale Strategie auf nationaler und internationaler Ebene abverlange (vgl. S.113-122.).

Abschließend befasst Schmidt sich in diesem Kapitel mit der These der „Verbändeherrschaft". Diese besagt, dass die Verbände ob ihrer großen Macht politische Entscheidungen beeinflussen könnten und den Staat letzten Endes im Griff hätten. Korporatistische Traditionen, der hohe Organisationsgrad des deutschen Verbändewesens, die Verbandsmitgliedschaften von Abgeordneten oder die institutionalisierte Einbindung von Verbänden in Politikformulierungsprozesse würden hierfür unter anderem als Belege angeführt (vgl. S.123ff.).

Nichtsdestoweniger kommt der Autor zu dem Ergebnis, dass die BRD kein Verbändestaat sei. Jedoch erscheinen mir nicht alle seiner Argumente stichhaltig. Zunächst führt er an, dass es neben den politisch mächtigen auch zahlreiche Verbände gebe, die gänzlich einflusslos seien. Die bloße Existenz kleinerer Verbände jedoch schließt die politische Herrschaft größerer keineswegs aus. Darüber hinaus argumentiert Schmidt, dass die Parlamentarier nur sekundär Mitglieder der Interessenverbände seien, primär aber ihrer Fraktion und Partei verpflichtet. Die von ihm jedoch explizit erwähnte Gewerkschaftsmitgliedschaft von mehr als drei Vierteln der SPD Abgeordneten während Koalition mit den Grünen (vgl. S.126) ruft in meinen Augen auch an diesem Argument Zweifel hervor. Es ergibt sich für mich daraus die Frage, ob eine Bundestagsfraktion, die supermajoritär einer gewissen Interessengruppe angehört, letztendlich nicht doch die Ziele derselben verfolgt und der Einfluss der Verbände dadurch indirekt doch stärker ist, als es zunächst den Anschein hat. Meine Bedenken in diesem Kontext sind umso größer, da die SPD von 2002 bis 2005 die größere Regierungspartei und damit die mächtigste Fraktion im Bundestag darstellte. Die Frage nach einer möglichen Herrschaft der Verbände wird daher nach meinem Dafürhalten insgesamt nicht ausreichend geklärt.

Das nächste Kapitel widmet sich dem Bundestag als zentralem Bestandteil der Legislative. Schmidt skizziert zunächst den historischen Verlauf des Parlamentarismus bis zu seiner vollen Entfaltung in der BRD und schildert anschließend die soziale Struktur der Abgeordneten des 16. Bundestags (vgl. Schmidt 2007: 133-140).

Die Abstimmungsregeln, Kontrollinstrumente der Opposition und den Vermittlungsausschuss beschreibend und erklärend sieht der Autor die BRD insgesamt in einer Position zwischen Konkordanz- und Mehrheitsdemokratie, die sich aus der Dialektik des Parteienwettbewerbs und dem Kooperationszwang bei Verfassungsänderungen und divergierenden Mehrheiten in Bundestag und Bundesrat ergebe. Vorweggreifend ist der Kooperationszwang, die im internationalen Vergleich hohe Anzahl an Vetospielern und die zunehmende Delegation von Aufgaben an die EU der Grund, warum der Autor am Ende des Kapitels bilanziert, der Bundestag gehöre im internationalen Vergleich nicht zu den mächtigsten Parlamenten (vgl. Schmidt 2007: 143ff., 159ff.).

Daraufhin zählt Schmidt theoretisch-beschreibend die Aufgaben des Bundestages auf und diskutiert, inwiefern das Parlament selbige gemeistert hat. Er stellt fest, dass die Fachwelt die Ausübung der Aufgaben im Großen und Ganzen positiv bewerte, lediglich die Interessenartikulation und Kommunikation würden schlechter benotet. Die Abgeordneten befänden sich in einer widersprüchlichen Rolle, einerseits als Vertreter des Volkes, insbesondere ihres Wahlkreises, andererseits jedoch auch als Vertreter ihrer Partei und Fraktion, die Abweichungen hart sanktionieren könnten. Daher dominiere in der Empirie, der Verfassungswirklichkeit die Fraktionsdisziplin das Abstimmungsverhalten (vgl. Schmidt 2007: 143-159).

Dass die Abgeordneten primär ihrer Partei dienten, von der ihre Platzierung auf den Landeslisten bzw. die Kandidatur in Wahlkreisen sowie ihr Einkommen abhinge, diese Kritik

7

zieht sich, in meinen Augen völlig zurecht und deshalb an dieser Stelle positiv vermerkt, wie ein roter Faden durch den gesamten ersten Teil des Werkes. Es gelingt Schmidt auf diese Weise die Interdependenz der Konstellation und den Unmut, den sie bisweilen hervorruft, zu unterstreichen.

Der nächste Abschnitt beschäftigt sich mit der doppelköpfigen Exekutive des Bundes, dem Bundeskanzler und dem Bundespräsidenten. Schmidt beschreibt und erklärt die Wahl in beide Ämter sowie die mit ihnen verbundenen Kompetenzen und Aufgaben.

Er stellt überdies fest, dass der Kanzler gegenüber dem institutionell relativ schwachen Präsidenten und im historischen Vergleich auch „gegenüber dem Parlament eine starke Position" (S.169) einnehme.

Insgesamt verfüge die Exekutive der BRD über verschiedene Machtressourcen, so fährt der Autor fort. Zu ihnen zählt allen voran die ausschließliche, aber auch die konkurrierende Gesetzgebung, die lange Zeit als das „trojanische Pferd der Zentralisierung" (Schmidt 2007: 181) galt. Ferner stünden der Regierung Möglichkeiten der Kontrolle der Verwaltung zur Verfügung, auch auf Länder- und Kommunalebene. Alles in allem seien Alleingänge der Bundesregierung aber dennoch kaum möglich, unter anderem wegen der großen Zahl von Vetospielern und Mitregenten und der zunehmenden Europäisierung nationaler Politikfelder. Schmidt geht sogar so weit, die BRD als halbsouveränen Staat zu bezeichnen, der sich im internationalen Vergleich durch massiv eingeschränkte Handlungsspielräume der Exekutive auszeichne (vgl. S.180-191).

Es folgt ein Kapitel über die föderale Struktur der BRD, in dem einleitend die Mitwirkung der Länder an der Verwaltung und Gesetzgebung des Bundes theoretisch beschrieben und erklärt wird. Genauer geht Schmidt in diesem Kontext auf Struktur, Zusammensetzung und Mitwirkungs- bzw. Blockademöglichkeiten des Bundesrates ein (vgl. S.196-208).

Er stellt heraus, dass Deutschlands föderale Struktur einen besonderen Polyzentrismus und einerseits eine starke horizontale und vertikale Politikverflechtung bedinge, andererseits aber auch eine Dauerwahlkampfatmosphäre schüre, die „den ohnehin schon kurzen Zeittakt der Demokratie" (S.213) weiter verkürze und eine kurzsichtige Politik fördere (vgl. S.210-216).

Schmidt beschließt das Kapitel mit einer kritischen Würdigung der Föderalismusreform von 2006, die er, gemessen an ihrem Ziel der Politikentflechtung und Vergrößerung der

Handlungsspielräume von Bund und Ländern, weder als großen Wurf noch als völlig misslungen bewertet (vgl. S.216ff.).

Im letzten Abschnitt des ersten Hauptteils seines Werkes befasst sich der Autor schließlich mit der Judikative der BRD, die er einleitend als im internationalen Vergleich besonders bedeutsam für die „politischen Willensbildungs- und Entscheidungsprozesse" (S.220) einstuft.

Eine besondere Rolle misst er dem Bundesverfassungsgericht zu, dessen Struktur, Arbeitsweise und politische Bedeutung er nach ausführlich beschreibt und erklärt. Das Karlsruher Verfassungsgericht habe das Grundgesetz „in seiner Rolle als Wächter und Künder der Verfassung" (S.230) weiterentwickelt und prägenden Einfluss auf die Politik der BRD gehabt. So setzte es sich beispielsweise wiederholt vehement für den Schutz und Ausbau der Grund- und Bürgerrechte ein (vgl. S.224-235).

Das hohe Maß an Rechtsstaatlichkeit und die herausragende Stellung des Verfassungsgerichts hätten jedoch auch negative Nebenwirkungen, wie die Überlastung der Gerichte und würfen die Frage auf, ob die Politik durch die Judikative dominiert wird und vielleicht sogar vom „Regieren durch Richter" die Rede sein kann. Der Autor gibt in diesem Kontext jedoch zu bedenken, dass die Verfassungsrichter teilweise durch den Gesetzgeber gewählt werden und die Gerichtbarkeit im Allgemeinen faktisch der Legislative unterstünde, die die „Spielregeln für das Mit- und Gegeneinander der Staatsgewalten" (Schmidt 2007: 242) aufstelle. Überdies sei auch hier die Europäisierung zu beachten, die sich durch die zunehmende Rückwirkung des europäischen Rechts auf nationalstaatliches Recht bemerkbar mache (vgl. S.236-244).

Meiner Meinung nach wird die Möglichkeit der Suprematie des Rechts damit jedoch nicht völlig aus dem Wege geräumt. Zwar bestehen institutionell verankerte Möglichkeiten der Kontrolle über die Judikative, die Wahl Verfassungsrichter zum Beispiel oder die Möglichkeit des Amtsenthebungsverfahrens, dem Gebrauch dieser Mittel stünden jedoch beträchtliche informelle Barrieren gegenüber. Das Bundesverfassungsgericht genießt in der Bevölkerung die größte Wertschätzung und das größte Vertrauen aller politischen Institutionen der BRD. Eine Reform, die auf die Einschränkung der Macht des Gerichts abzielte würde ein enormes mediales Echo hervorrufen und bei den Wählern große Empörung auslösen. Selbiges gilt für ein Amtsenthebungsverfahren gegen einen Richter, dem ohnehin sehr schwerwiegende Verfehlungen vorangegangen sein müssten.

In einem abschließenden Kapitel werden die vorangegangenen Erkenntnisse zusammengefasst und über die Frage nach den Auswirkungen der institutionellen und prozessualen Gegebenheiten auf die Politikinhalte die Überleitung zum zweiten Hauptteil vollzogen.

3. Politikfelder

Im zweiten Hauptteil beschreibt und bewertet Schmidt zunächst stark, jedoch nicht ausschließlich normativ die historische Entwicklung der Außen-, Finanz-, Wirtschafts-, Sozial- und Umweltpolitik und widmet sich sodann in einem abschließenden Kapitel der „Politik des mittleren Weges", die in fast allen Politikfeldern für Deutschland charakteristisch sei. Dieses kann zugleich als Resumee der wichtigsten Ergebnisse seiner Untersuchungen der Innen- und Außenpolitik verstanden werden, weshalb ich es als einziges Kapitel dieses Teils zusammenfassen möchte.

Außenpolitisch habe die BRD ein im internationalen Vergleich einzigartiges Profil, das aus der Verbindung der „Zivilmacht" „im Sinne einer auf friedliche Konfliktregelung, internationale Integration und Multilateralismus setzende Außenpolitik" (Schmidt 2007: 302) einerseits mit dem „Handelsstaat" „im Sinne einer Außenpolitik [...], die auf Wohlfahrts- und Sicherheitsmehrung [...] setzt" (S.302) andererseits resultiere.

In der Wirtschafts-, Finanz- und Sozialpolitik seien 4 Merkmale für die „Politik des mittleren Weges" charakteristisch. Erstens der Vorrang der Inflationsbekämpfung unter Inkaufnahme steigender Arbeitslosigkeit, zweitens die Verbindung von Wirtschaftsförderung und Wohlfahrtsstaat mit dem Ziel der „sozialverträglichen Bewältigung des ‚equality-efficiency' Zielkonflikts" (S.444), ferner eine mittelgroße Anzahl von Staatsbediensteten, finanziert durch mittelhohe Steuern und Abgaben und zuletzt die Delegation öffentlicher, gemeinschaftlicher Aufgaben an Verbände, beispielsweise die Lohnpolitik (vgl. S.443f.).

Der mittlere Weg sei zusammenfassend insbesondere nach 1990 zwar mit größer werdenden ökonomischen Kosten verbunden, werde aber dennoch weiter beschritten. Entscheidend hierfür seien der hohe Kooperationszwang im politischen System der BRD, die hohe Mitregenten- und Vetospielerdichte und der inzwischen große Anteil von über 40% der Wähler (vgl. S.394), die ihren Lebensunterhalt hauptsächlich aus Sozialleistungen bestreiten und somit natürlich einen Erhalt und Ausbau des Sozialstaates gegenüber der Wirtschaftsförderung favorisieren.

4. Bilanz

Im letzten Hauptteil seines Werkes bewertet Manfred G. Schmidt schließlich die „Leistungen und Mängel der Politik in Deutschland" (S.461). Der Schwerpunkt in meiner Zusammenfassung dieses Teils wird auf seinem Unterkapitel „Ungelöste Probleme" liegen. Hier betont er zunächst den bereits erwähnten kurzen Zeittakt des politischen Geschehens, der eine Politik der kleinen Schritte provoziere; ferner die Tatsache, dass Blockaden des legislativen Prozesses ob der großen Vetospielerzahl sehr leicht möglich sind. Es folgen einige konkrete „policy"-Beispiele, wie der Bau von Atomkraftwerken nahe Großstädten oder in erdbebengefährdeten Gebieten. Auch die bis auf wenige Ausnahmen zögerliche Haltung der Bundesregierungen gegenüber der zeitweise sehr hohen Arbeitslosigkeit bewertet der Autor kritisch (vgl. S.485ff.).

Nichtsdestotrotz kommt er bei der Verrechnung der Leistungen und Mängel zu einem eher positiven Fazit. Die BRD „verdiene insgesamt das Prädikat ‚gut' für ihre politischen Institutionen" (S.490) und schwanke in den verschiedenen Politikfeldern von „gut" bis „ausreichend". Besonders positiv bewertet Schmidt die Machtaufteilung und –fesselung (vgl. S.489ff.)

5. Bewertung

„Das politische System Deutschlands" hat seinen Rang als herausragendes Einführungswerk in die Politikwissenschaft redlich verdient. Manfred G. Schmidt wird seinem Anspruch, sowohl „polity" und „politics" als auch „policy" zu beleuchten durchaus gerecht. Auch seinen Anspruch, eine breitere Zielgruppe als die Fachwelt zu adressieren, hat er meiner Ansicht nach erfüllt. Im Großen und Ganzen ist das Werk sehr verständlich geschrieben, die Verwendung der wenigen Fachbegriffen und fachlich voraussetzungsvollen Argumentationen waren unabdingbar. Dezente Kritik habe ich jedoch an der Erklärung der Fachbegriffe zu üben. So nimmt Schmidt bereits im ersten Kapitel Bezug auf die Vetospielertheorie von George Tsebelis, definiert den Begriff jedoch erst einige Kapitel später. Die Darlegung des politischen Systems der BRD, der Politikinhalte und ihren Wechselwirkungen ist sehr aufschlussreich und somit gelungen. Die wenigen Anlässe zur Kritik habe ich mich im zweiten Teil der Rezension einzubringen bemüht.